Estadounidenses as
Paul Revere

Jennifer Overend Prior, Ph.D.

Asesoras

Shelley Scudder
Maestra de educación de
estudiantes dotados
Broward County Schools

Caryn Williams, M.S.Ed.
Madison County Schools
Huntsville, AL

Créditos de publicación

Conni Medina, M.A.Ed., *Gerente editorial*

Lee Aucoin, *Diseñadora de multimedia
principal*

Torrey Maloof, *Editora*

Marissa Rodriguez, *Diseñadora*

Stephanie Reid, *Editora de fotos*

Traducción de Santiago Ochoa

Rachelle Cracchiolo, M.S.Ed., *Editora
comercial*

Créditos de imágenes: Portada,
págs. 1, 5, 6–7, 8, 9, 15, 19, 20–21, 24, 26,
32 The Granger Collection; pág. 28 Joaquin
Rodriguez; pág. 3 The Library of Congress
[LC-USZC4-2912]; pág. 4 The Library of
Congress [LC-USZ62-48901]; pág. 12
The Library of Congress [001dq];
págs. 12–13 The Library of Congress
[LC-USZ62-50337]; pág. 18 The Library of
Congress [ar090000]; pág. 22 The Library
of Congress [LC-DIG-highsm-15388]; back
cover, págs. 10, 14 (izquierda y derecha),
16–17, 21, Nancy Carter/North Wind
Picture Archives; pág. 22 Preservation
Massachusetts; pág. 23 Stephanie Reid;
todas las demás imágenes pertenecen a
Shutterstock.

Teacher Created Materials
5301 Oceanus Drive
Huntington Beach, CA 92649-1030
http://www.tcmpub.com
ISBN 978-1-4938-0548-8
© 2016 Teacher Created Materials, Inc.

Índice

Esta es la casa donde nació Paul.

El negocio familiar

Paul Revere era un hombre que amaba a su país. Nació en diciembre de 1734. Paul fue el segundo de al menos 9 hijos, ¡y tal vez de 12! Nadie lo sabe con certeza.

Paul Revere

La familia Revere vivía en Boston. El padre de Paul era orfebre. Paul también lo era. Ellos hacían cosas de plata y oro.

El trabajo de los orfebres es duro. Martillan el metal para darle una forma. O lo derriten y lo vierten en un **molde**. Luego, se endurece y adquiere la forma del molde.

Estos orfebres hacen cosas de plata.

6

Los orfebres hacen cosas que usa la gente. Hacen cucharas, tenedores y cuchillos. También hacen tazas y candelabros.

Herramientas del oficio

Los orfebres usan muchas herramientas para hacer patrones y formas en el metal.

Estas son algunas herramientas usadas por los orfebres.

Paul tenía también muchos otros trabajos. Trabajaba como dentista y limpiaba dientes. También ponía dientes postizos a las personas. En esa época, los dientes postizos solo se usaban para hablar. Las personas se los quitaban para comer.

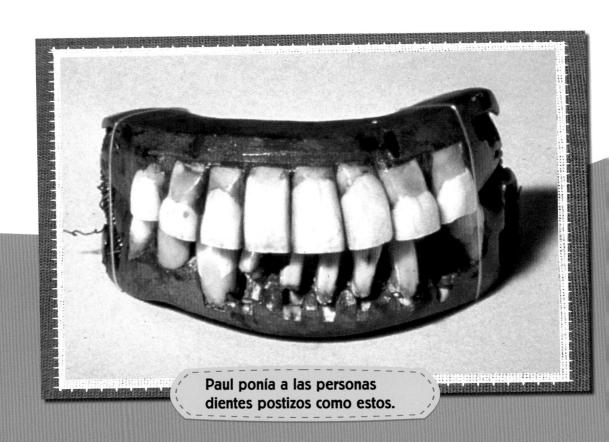

Paul ponía a las personas dientes postizos como estos.

Paul también era un artista. Hacía ilustraciones para libros. Tallaba las ilustraciones en metal. Luego, el metal era usado como un sello.

Esta es una de las imágenes de Paul.

¡Revolución!

Paul vivió en Estados Unidos antes de que este fuera un país. Había 13 **colonias** gobernadas por el rey Jorge de Gran Bretaña. Las personas que vivían ahí eran llamadas **colonos**.

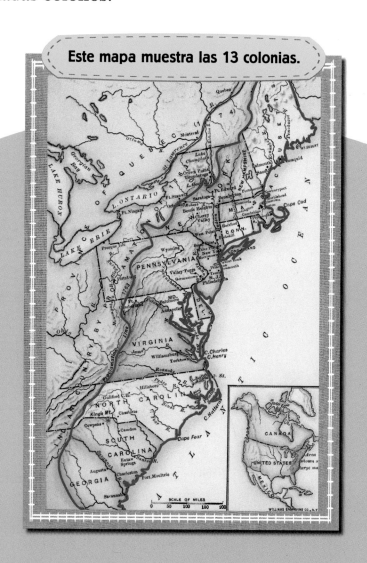

Este mapa muestra las 13 colonias.

Los colonos pensaban que el rey era injusto. No les permitía hacer sus propias leyes. El rey quería que los colonos pagaran impuestos más altos. A ellos no les gustaba que el rey les dijera lo que tenían que hacer.

Impuestos

Los *impuestos* son el dinero que la gente tiene que pagar al gobierno. El *gobierno* es el grupo de líderes que toma decisiones para el país. El gobierno usa el dinero para pagar por cosas que la gente necesita.

Los colonos tenían que pagar impuestos altos por cosas como el té.

Los colonos que querían ser libres de Gran Bretaña eran llamados **patriotas**. Querían tener su propio país. Hicieron reuniones. Hicieron planes. Paul Revere fue un patriota.

> ADVERTISEMENT.
>
> THE Members of the Affociation of the Sons of Liberty, are requefted to meet at the City-Hall, at one o'Clock, To-morrow, (being Friday) on Bufinefs of the utmoft Importance ;—And every other Friend to the Liberties, and Trade of America, are hereby moft cordially invited, to meet at the fame Time and Place.
> The Committee of the Affociation.
>
> Thurfday, NEW-YORK, 16th December, 1773.

Este es un anuncio de una reunión de patriotas.

Los patriotas no tenían miedo de ir a la guerra. Estaban dispuestos a luchar por su libertad. Querían su **independencia**.

Hijos de la Libertad

Paul Revere estaba en un grupo llamado Hijos de la Libertad. Este grupo quería que las colonias se liberaran de Gran Bretaña.

Esta es una reunión de los Hijos de la Libertad en 1773.

13

Una cabalgata famosa

Paul fue a la ciudad de Lexington el 18 de abril de 1775. Tenía que advertir a dos patriotas de que los británicos venían a buscarlos.

Samuel Adams

John Hancock

Dos patriotas

Samuel Adams y John Hancock eran los dos patriotas a los que Paul advirtió.

Paul pidió a un amigo que colgara faroles en la parte superior de una iglesia. Un farol significaba que los británicos venían por tierra. Dos faroles significaban que venían por mar. Paul vio dos faroles.

Este es uno de los faroles que usó Paul.

¿Qué dijo Paul?

Muchas personas creen que Paul gritó: "¡Vienen los británicos!". Pero no fue así. En una parada durante su cabalgata, gritó: "¡Los regulares van saliendo!".

Dos hombres ayudaron a Paul a cruzar el río. Luego, pidió prestado un caballo a un amigo. Paul cabalgó a Lexington con otro patriota. Se llamaba William Dawes.

Paul les advierte a los colonos que vienen los británicos.

Paul y William llegaron a tiempo a Lexington para advertir a los demás patriotas. Los colonos escucharon la advertencia.

Paul y William fueron luego a Concord. Tenían que advertir a las personas de que escondieran las provisiones que tenían allá. No querían que los británicos se las quitaran. Otro patriota llamado Samuel Prescott se unió a su cabalgata.

Este mapa muestra el recorrido de Boston a Lexington que hizo Paul.

Pronto, los tres hombres fueron **capturados** por los británicos. Samuel escapó de inmediato. Llegó a Concord. William fue el siguiente en escapar. Finalmente, Paul fue liberado y volvió a Lexington. Los británicos se quedaron con el caballo de Paul.

Paul es capturado por los británicos.

Soldados británicos marchando a la batalla.

El 19 de abril de 1775, los británicos lucharon contra los colonos en Lexington. Luego, lucharon en Concord. Estas fueron las dos primeras **batallas** de la **Revolución estadounidense**.

Poema famoso

Un famoso poema sobre Paul Revere comienza así: "Escuchen, hijos míos, y deberán escuchar/ De la noche en que Paul Revere salió a cabalgar".

Este es un famoso poema sobre Paul.

Hubo muchas batallas más. Los colonos ganaron la guerra en 1781. ¡Las 13 colonias eran libres! Ahora eran un país llamado los Estados Unidos de América.

De nuevo en casa

La guerra había terminado. Paul volvió a su casa. Abrió una tienda donde vendía herramientas. También hizo campanas para iglesias y repuestos para barcos.

Este es el molino para laminar cobre de Paul.

En 1801, Paul abrió un molino para laminar **cobre**.
Un *molino* es una construcción en la que se hace
algo. Paul quería vender cobre. De esta manera, los
estadounidenses no tendrían que comprar cobre a
Gran Bretaña.

Este hombre lamina cobre en un molino.

Paul tuvo 16 hijos. Tuvo ocho con Sarah, su primera esposa. Ella murió años antes de la famosa cabalgata. Luego, Paul se casó con una mujer llamada Rachel. También tuvo ocho hijos con ella.

Este es un anuncio de la tienda de herramientas de Paul.

Paul dejó de trabajar en 1811. Tenía 76 años. Dejó su molino de cobre a cargo de sus hijos y nietos.

Los hijos de Paul continuaron la fabricación de campanas de cobre como estas.

Un verdadero patriota

Paul Revere murió el 10 de mayo de 1818. Tenía
83 años. Habían pasado 43 años desde su famosa
cabalgata.

Paul Revere

Paul Revere amaba a su país. Fue un buen **ciudadano**. Trabajó duro para ayudar a los patriotas.

Esta es una estatua de Paul en Boston.

Estadounidenses asombrosos de hoy

Paul Revere fue un estadounidense asombroso. Ayudó a las personas al llevarles un mensaje importante.

Hoy en día, hay muchos estadounidenses asombrosos. Ellos también ayudan a la gente.

Ellos son Daniel y su hermana Mayra. En su tiempo libre, ella ayuda a personas en el hospital.

¡Dibújalo!

Haz un dibujo de alguien que pienses que es un estadounidense asombroso. Muestra lo que hace para ayudar a la gente.

Daniel hizo este dibujo de Mayra.

Glosario

batallas: peleas entre personas o grupos en las que cada lado intenta ganar

capturados: atrapados por la fuerza

ciudadano: un miembro de un país o lugar

cobre: un metal de color rojizo marrón

colonias: zonas gobernadas por un país ajeno

colonos: personas que viven en una zona gobernada por otro país

independencia: la libertad para tomar decisiones

molde: un recipiente en el que se vierten líquidos que luego endurecen y toman forma

patriotas: colonos que querían ser libres de Gran Bretaña

Revolución estadounidense: la guerra de las 13 colonias de América del Norte por su independencia de Gran Bretaña

Índice analítico

¡Tu turno!

Mensaje secreto

Esta pintura muestra a Paul Revere mirando los faroles en la parte superior de la iglesia. Los faroles enviaban un mensaje.

Piensa en una manera especial de decir algo a un amigo. Luego, envíale un mensaje secreto.